JN001511

コシノジュンコ56の大丈夫

56の大丈夫

コシノジュンコ

世界文化社

目次

コシノジュンコ　56の大丈夫

第一章　逆境あってこそ

第二章 何事にもめげない！

第四章 「好奇心」こそ元気の秘訣

第一章

逆境あってこそ

Dai-Jyobu 01-13

コンプレックスの効能

あなたのコンプレックスは、何ですか？
私は岸和田の商店街でだんじり祭りとともに育ちましたが、
デザイナーを目指し上京してからの半年間は、無口で、
ひとりで黙々とデザイン画を描いていました。
故郷の方言を話すとみんなが笑って、恥ずかしかったからです。
話すのが嫌でひたすら描き続けた結果、最年少で「装苑賞」を受賞。
すると、方言に対する強いコンプレックスがふっ飛んでいきました。
そんな小さなことを、なぜ今まで気にしていたんだろう？って。
それはむしろ自分にとって、大切な個性のひとつであるという
ことに気がつきました。成功したことで、それまでの道のりが
自慢できるものに変化したんです。どれほど強いコンプレックスが
あっても、そのとき自分にできること、前進することを
諦めなければ、乗り越えられるときが来ることを知りました。

KOSHINO

一九九六年秋冬パリコレクション。ルーブル美術館のカルーゼル デュ ルーブル会場にて。写真＝武田マサ

苦しいときほど明るく

明日のことは誰にもわかりません。
新型コロナウイルスとの共存が長引く様相を呈している昨今、
世界中が不安と対峙しています。でもそういうときだからこそ、
与えられた時間を生かし、静かな心で、
今しかできない創造をする。不安だ不安だって暗い顔をして
家族で食卓を囲んでも、みんなで余計に鬱々とするだけです。
今しかできないことを、今のうちにやってみる。
止まっていないで動いてみる。動くと何かが変わります。
思考も前向きになるし、じっと俯《うつむ》いて過ごすよりも、
会話や笑顔だって生まれます。明るさは、周りの人にも伝染します。
いつとはわからないけれどコロナが終息して、
「それはもう過ぎたことよ」って言えるときが
くるかもしれないけれど、

そう言った翌日に、再び感染が広がるということも有り得る。
未来はどうなるかわかりません。でもだからといって
起きてもいないことを心配ばかりしていては前に進めません。
だから、「焦らず、慌てず、諦めず」。

一九六〇年代。旧麻布龍土町にあった洋館の自宅で。アルフレックスの黒いソファと、アンティークの家具をお揃いのオレンジ色にリメイク。同ブランドの特別サービス。

自分の枠を破る

どんなことでもそうですが、
失敗したとしてもやったほうが勝ち、と思うんです。
できないかもしれないと思う自分がいるときには
あえて進むこともあります。
結果として人さまに迷惑をかけないのであれば、
誰も成し遂げていない新しいことに、私は挑戦しますね。
もし失敗しても、二度と失敗しないために
いろんな方法を一生懸命考えます。
あらゆる方向から考える。
失敗も糧《かて》にした経験が生きて、次の成功に繋がるからです。
だから、やったもの勝ちね。
人に反対されても、思ったらやるの（笑）。

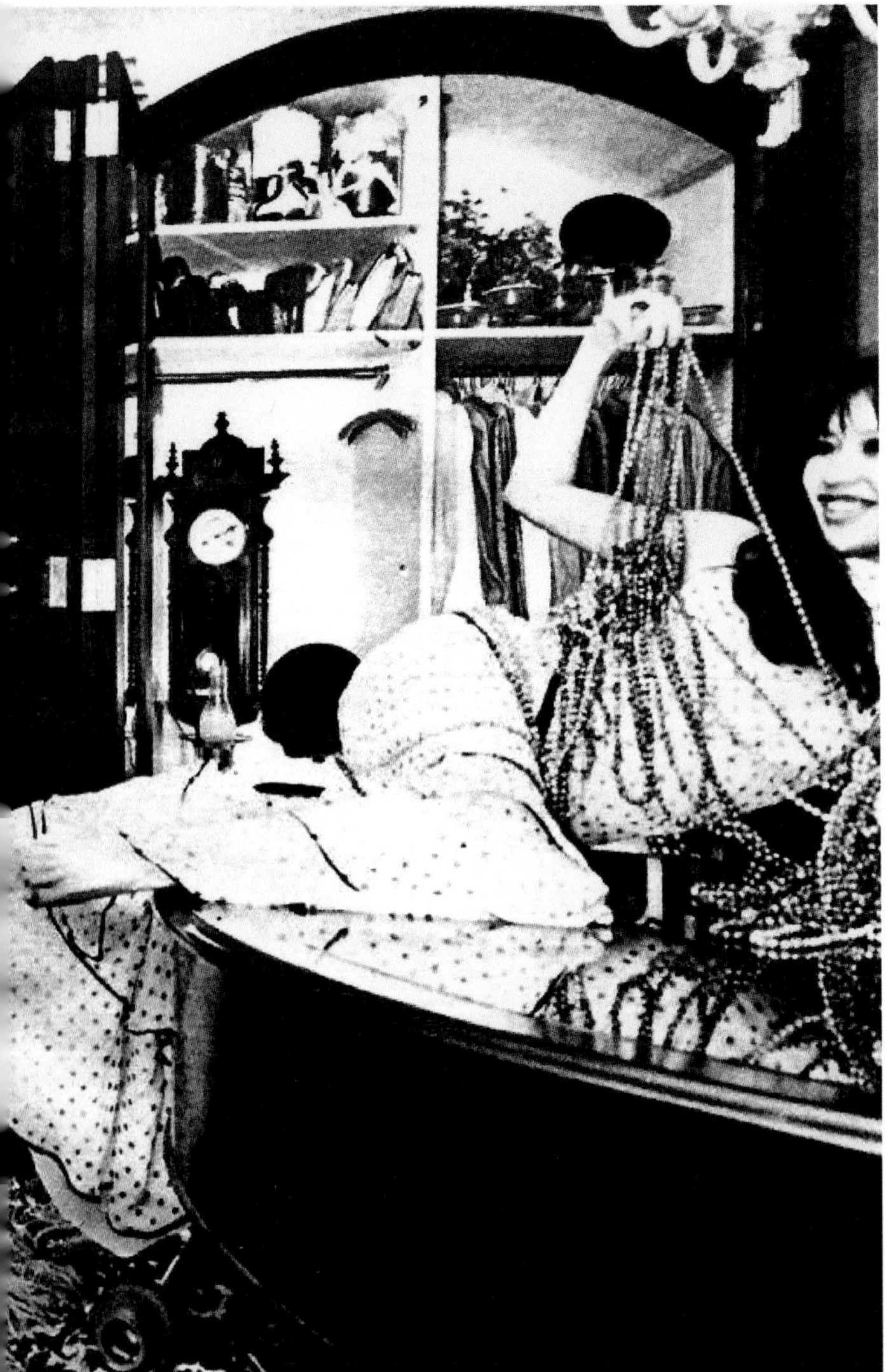

左右ページ：ともに初めて出店した自らのブティック「コレット」にて。友人だった画家の金子國義がデザインした家具の前で。

左ページに写っているのは親友の安井かずみほかスタッフ。安井は毎日ブティックに訪れ、そこから一緒に遊びに繰り出すのが常だった。

大丈夫。失敗は教訓

いいこと悪いことに関係なく、
人は経験から影響を受け、変化や進化するもの。
それが成長していくということですよね。
いいことは、もちろんそれでいいのですけれど、
悪いこと、悪い思い出というのは、一種の「てこ」になるんですね。
マイナスのことではあるけれど、ひとつのきっかけになる。
だから、何もしないよりずっといいと思います。
たとえ失敗と思うことだったとしても、本人には教訓になるんです。
二度と失敗しないための底辺を作ってくれる。
沼のように底が見えない失敗というのもあると思うんですけれど、
一度でも手痛い経験をしている人には失敗の地盤があって、
そこから出発することができるわけです。
たとえ失敗したとしても、それは底無しの沼ではない。

そう考えられるようになる。失敗の経験が役立って、
地に足をつけて動き始められるということです。
逆に、失敗した経験のない人は、いつ泥沼にはまるかわからない。
そう考えると失敗の経験がない人って、怖いですよね。
失敗はけっして人間をだめにするものではなくて、
人間が成長するための、大切な基礎になるかもしれません。
ですから、失敗を恐れず前に進むっていうことですよね。
失敗を恐れてはダメ。
失敗がもとでどう変化するかは未知数ですから。
厳しさを知っている基盤があるから、ガッツがある。
失敗経験がある人は強い。そう思います。

一九六〇年代。ブティック「コレット」でのフロアショー。洋服をショー形式で披露するスタイルが、日本ではまだ目新しかった。
上：初めての黒人モデル・野沢リリーを起用。
下左：モデルの立川ユリ。

愚痴は特許もの

女の人って単純なので、思ったことをつい口に出してしまいがち。それが愚痴でも、実は重要なポイントを突いている場合が。極端に言うと、愚痴って実は〝特許〟商品発明のきっかけになり得るんです。「ねえ、どうして○○なの⁉」とか「なんでここ○○なの？　使いにくいわ」とか……。

女性って、理屈ではない直感的な「どうして⁉」「なんで？」という表現が、意外なほど的を射ていることが多いんです。

その不満の原因には、今まで誰も気づかなかった重要なアイデアを生むヒントが潜んでいる可能性があります。

だから、見方を変えて、人の愚痴を聴いてみてください。思いがけない答え、発見が隠れているかもしれません。マイナーに捉えず、プラスに考えたらいいと思います。

愚痴を聞いたら「ありがとう」って言ってみたらどうかしらね。

colette

外苑前交差点、青山通りのビルの二階に初めてのブティック「コレット」をオープン。唇のシンボルマークは、イラストレーターの宇野亜喜良がデザイン。タイガースを始め多くのグループサウンズや文化人が集った。

何事も先入観にとらわれない

先入観が邪魔するってこと、ありますよね。
テレビ画面で一時的に見ただけのニュースから、
あの国はこう、という刷り込みになったりすることが。
昔、キューバでショーをするって決めたときも、
「あんなところでよくやるね」って誰かに言われて、
「あら、世界一治安がいいわよ」って答えたんですよ。
アメリカからしか情報が入ってこないから、
いいニュースが届いてこない国だったのね。でも実際ショーをして、
みんなが喜んで、踊って、笑って……素晴らしい国でしたよ。
よくあるでしょう、行く前から「あのあたりって○○
なんじゃないの?」「あの人って○○なんじゃないの?」って。
それですぐ諦めてしまう。例えば旅行も似たようなものですよね。
スケジュールびっしりで、それをこなすのに必死になっちゃって、

何をしに行ったんだかもうわからない、みたいなことが（笑）。
でも自由なスケジュールなら、あらここ気になるから寄って見よう、
って新しい出会いや発見に繋がるんです。
先入観とか思い込みに通じるマイナーな癖が
ついてしまうと、発展がないと思います。
「まだ行ってないじゃない？　まだ見てないじゃない？」
そこだと思うんですよ。
予定があるから、「気にはなるけど、
それは次回にすればいいじゃない？」
ってよく言うけれど、実は、次ってほとんどないんですよね。
ちょっと話がそれましたけれど……。
ですから何事も、先入観や一方的に流される情報に惑わされないよう、
しっかり生きようと。自分の目で見て確認しようと。

一瞬一瞬、悔いのないよう自分で判断したい、
常にそう思っています。
何が起こるかわからないから。

一九六五〜七四年。初めて訪れたロンドン。ケンジントンハイストリートに一大ブームを巻き起こした大型ブティック「ＢＩＢＡ（ビバ）」の前で。

大丈夫。策は無限にある

例えば、山に登る道はいくらでもありますよね。
同じように、物事は考え方次第でどうにでもなるということかしら。
算数じゃないってことですね。
1＋1＝2、のように答えはひとつではない。
物作りとかクリエイティブなものには特に、答えがないですよね。
1＋1は5かもしれないし、A＋Bはもう無限大かもしれない。
そこがおもしろいし、癖や個性があればあるほど
大きな成果が出ると思うんです。だけど学校でまる覚えした
単純な知識で解決できるようなことっていうのは、
答えが決まっちゃうんですよね。
答えがわからないからこそ、おもしろい。物事や方法に、
正解はない。それは見る人、そのときの感性が決めるもの。
だから、可能性や答えは、いつも無限大なんです。

パリ、ロンドンは大好きで、何度も訪れた。

右ページ上：右から、グラフィックデザイナーの安斉敦子、女優の鈴木美恵子、コシノジュンコ。同下：道の途中でスナップ。さり気ない一シーン。

左ページ：パリの裏路地をロングトレンチコートで散策中。

「初めて」に躊躇しない

初めてっていうことに躊躇しないのが、いちばん大切ですね。
初めて挑戦することには、怖じ気づきますよね？
こんなことしていいのかなとか、これみんなどう思うかなとか、
人のことばっかり気にしますよね？
だけど、そういう迷いはすごく邪魔ですね。
無鉄砲でいいんですよ。
初めてトライすることには萎縮しがちで、
肩に変な力が入ったりして、いいものができない。
例えば舞台衣装なんかで、主役の衣装にお金をかけすぎちゃって、
頑張って作っちゃって、そうしたらその辺の素材で気負わず作った
脇役の服のほうが出来がよかったりして（笑）。
躊躇しない、怖じ気づかない、気にしない、がいいですね。

一九七〇年代当時の人気番組、TBSテレビ『ヤング720』（ヤングセブンツーオー）。フェイ・ダナウェイ主演の映画『俺たちに明日はない』のパネルをバックに、収録現場での様子。着用している衣装はすべてコシノジュンコ。モデルの青木エミ、陸黎明、加賀まりこ、安井かずみたち。

前向きのヴィジョンがあると
生きられる

「休んでる場合じゃないわ、死んでる暇もないわ」
これは、母の言葉。そういう人でした（笑）。
今回のコロナ禍で思ったのは、
おかげで世の中いろいろ変わってしまいましたけれど、
やっぱり前向きになった人の勝ちねっていうこと。
「コロナだから何もできない」じゃなくて、
自分のできること、今できることが何かあるでしょう？って。
できないと決めちゃうとできないから、前向きに考える。
元気があるからヴィジョンが見つかるのではなくて、
小さくてもヴィジョンがあるから元気になれるんです。
ヴィジョン、目標があれば精神力が全然違う。ぶれない。
自分はこれをやるんだ！っていう精神状態。
目指すべき頂上が見つかると、それが生きる力になるんです。

右ページ：七〇年代の頃。憧れの人、イラストレーターの宇野亜喜良と。「宇野さんから直接電話があり、マックスファクターの広告の衣装デザインを依頼されました」。

左ページ上：画家の今井俊満（右）、宇野亜喜良と。

同下：右から高田賢三、東急エージェンシーの三島 元会長、コシノジュンコ、画家の今井俊満。

執着心をなくしたときに、
運はやってくる

何事も成し遂げるには、努力が必要です。
けれど、どれだけ頑張ってもなかなか叶わなくて、
くじけそうになる……そういうこともありますね。
絶対に勝つんだ、取るんだ、という強い思い。
それを達成するために奮闘し、すべての力を出しきって、
「ここまで頑張ってだめだったんだから、もういいや」、
「もうやめよう」、そう思って悔いなく気持ちを捨てたとき、
執着をぽんと放り投げ、手を広げたとき……
ふいに訪れる、それが運です。
ふっと忘れた頃に、必ずやってくるんです。
それは計算ではありません。計算は演技なので、無意味ですよね。
努力を惜しまず、最後まで尽力し、待てば運がやってきます。

右ページ：一九六〇年代。当時人気を博したグループサウンズ（フラワー・トラベリン・バンド）や歌手の衣装を手がけ、独特の大胆なデザインで「サイケの女王」と呼ばれていた。外苑にあったサンローランのお店の前で。

下：右からミュージカル『ヘアー』のスーパースター、フミオ（宮下富実夫）、ジョー山中、コシノジュンコ。カフェのひととき。

未来は誰にもわからない

未来って誰にでも平等に訪れますけれど、
同じように誰にもわからないものですよね。
おもしろいこと、不思議なこと、恐ろしいこと、
たくさん起こりうる出来事のなかで、
何が現実となるかは誰にもわからない。
未来というとみなさん宇宙とか十年後とか思いがちですけれど、
明日だって未来です。一秒先だって未来です。
そして、わからないからこそ全世界の人に平等に、
チャンスが与えられているわけです。
目の前の未来を、どう過ごすのか。どう生きるのか。
瞬く間に今となり過去となる一瞬の未来の連鎖が、人生です。
何が起きるかわからないから、可能性があり、
それぞれに明るい未来を目指す喜びが生まれると思います。

一九七〇年、青山二丁目にあったブティックをキラー通りに移転。JUNKOブランド発祥の地となった。通りの先に墓地があったこと、自動車の往来が激しいことから、外苑西通りを「キラー通り」と呼び始めたコシノジュンコ。

嫌われても人間関係を断ち切らない

若かりし頃って、そういうこと、ありますよね。
瞬間的な反発を根に持つとか……。若気の至りというか、
意見や主張がぶつかって険悪になったり、喧嘩したり。
だけど、いつまでもこだわらないことですよね。
若いときはお互い無知なんですから、そんな状態で
わざわざ関係を断ち切る必要はないと思います。
人間ってやっぱり成長しますから。
お互いいろんな経験を重ねて成熟した頃には、
それを絆として急に仲良くなったりするものです。
このタイトルは伊藤博文の言葉だったと思うんですけれど、
彼のような大物が、自身の経験から得て語る言葉を、
人生の早いうちから知って生かせるって、いいですよね。
大人になってからじゃ遅いわね（笑）。

右ページ：コシノジュンコの衣装を着た女優の鰐淵晴子（右）と一緒に。

左ページ：キラー通りのブティックJUNKOでのファッションショー。年に三～四回行われたが、ショーをするデザイナーはまだ珍しかった。

大丈夫。逆境をバネに

あれもダメこれもダメ、誰にも会えない、
旅行もいけない、何もできない……
できないできないということを、
世界的に日本的に全員が言うと、
何の発展もないと思うんですよね。
破壊から創造じゃないですけど、
今までに経験したことがないような出来事に遭遇して
本意ではなく原点もしくはそれ以下に戻ってしまった。
だけど、そこから新しいことにチャレンジしてみる、
するとこの状況でないと思い浮かばないような発想が出てきて
次々と展開していく、伸びていく……。
これが発展してゆく、ということじゃないかと思います。
悲嘆にくれて何もしないというのも、もったいないですしね。

悲観から何か新しい発想が出れば、これは本物だなと思うんです。
第二次世界大戦で敗戦してどん底まで落ちて、
そこから立ち上がるバネ、それが日本は素晴らしかった。
なのに、今はコロナで全部だめになっちゃったねって
全員で言っていたら、それこそ国も滅びると思うんですよね。
だから、この逆境も国難も、立ち上がるバネになればいいと。
悲観してどんどん落ちていくというより、
みんなでバネにしていきましょうよ。
今だからこそ生まれ得る、新しい発想、未来が必ずあるはず。

第二章

何事にもめげない！

Dai-Jyobu　14-26

努力とは結果を見せること

第一章にも出てきましたが、コンプレックスというのは、人にはわからない非常に強いマイナスの感情。
でも実は自分のオリジナリティを内側から支え光らせる利点を持っています。それはバネになります。
だから逆にはっきりと意識したほうがいい。
克服しようと向き合ってもいいし、
私のようにコンプレックスの原因に背を向けて、そのぶん自分にできる別の方法で前へ進む努力をしてもいいと思います。
嫌いな自分を意識する反動だったとしても、その過程で、なにかしら自分なりに注力し続けていれば、
必ず結果が現れますよ。つまり、発端はなんであれ、
努力することは、結果を見せることに繋がっていくと思います。

今の心境を受け入れる

「これはもうお手上げ！」という気持ちになったとき、
あなたはどうしますか？
散々努力して、ベストを尽くして、でもどうにもならなくて……、
これはもう受け入れるしかない、ということ、ありますよね。
そんなときの対処法は、絶体絶命のピンチに限らず、
自分の在り方として、常日頃意識しておいたほうがいいと思います。
「今の自分の状況、心境を受け入れる。客観的に把握し理解すること」
そうすると少し自分と感情の間に距離ができて、余裕が生まれ、
次にすべきことが見えやすくなります。
どんな状況でも、次の一歩を進めるためには、
とっちらかってしまった、その心境・状況をまず受け入れる。
これを常に心がけておくことが大切だと思います。

右ページ：歌手のかまやつひろし、作詞家の安井かずみと。

左ページ：安井かずみとコシノジュンコ。普段の、何気ない様子も絵になる二人。

大丈夫。ひと晩寝れば、
新しい日が来る

待てば未来がやってくるっていう……楽天的なのかしらね。
でもそういう考え方で乗りきるときも、あっていいと思います。
未来って見えないので、今いろんな結論を出さなきゃいけないと
迫られても、答えが出ないときってありますよね、いつまでたっても。
でも焦ると余計わからなくなってしまうので、焦らないこと。
待てば必ず、ひと晩寝れば解決するよって。一度距離を置いてみる。
それによって余裕が生まれ、
昨日と違う角度から新しい発想が出てくるかもしれません。
ひと晩寝れば明るい未来がくる、という前向きな切り替え。
すごく単純ですけれど。(笑)

JUNKO

一九七〇年代、写真家・斉藤亢《こう》が撮影した写真を、イラストレーターの宇野亜喜良が絵にした作品。安井かずみとのツーショット「ZUZU ET JUNKO」。

噂に鈍感になろう

噂を聞くってありますよね。
直接見てはいないのに、
ちょっとイヤな噂に動揺するってありますよね。
でも噂は噂ですから、その気になるといくらでも振り回されますよ。
噂ですもの。
本当かどうか、どこからふってわいたのか知らないけど、
どうなっちゃったのいったい？というような
噂を聞くことってたまにありますよね。
そして、自分で見て確認したわけでもないのに
動揺してしまうことが。
だから私は、噂話をしている人たちの輪に入っていかないの。
私には関係ないから。

夢は成長する

夢も希望もないわっていう言葉がありますけれど、
夢があれば希望が生まれるんですよ。
希望があれば目的が決まる、希望イコール目的なんです。
目的意識があればそれに向かって努力するわけですね。
努力するからなんとなく形になっていく。
形になっていくと必ず、形イコール結果を生むわけです。
いい結果になれば、それが幸せに繋がるわけですね。
で、幸せが平和に繋がるわけですね。で最後は国レベルに繋がる。
なんか連想ゲームみたいだわね（笑）。
夢を夢だからって、そこで終わらせてしまうのではなくて、
ちゃんと胸に抱いて一歩ずつ行動していけば、
ちっちゃな夢がだんだん現実になる。
でも、小さい大きいじゃないのね。

大きいからよくて小さいからダメっていうのじゃないの。
夢には大小がない。かわいい夢もあれば壮大な夢もある。
夢ってただで見られますよね？
誰でも見られるし、誰にも迷惑をかけない。
恥ずかしいくらい大きな夢でも、夢は自由。夢は無限。
だから、みんなでどんどん夢を見ましょうよ。
夢に遠慮はいらないんですから（笑）。

ロンドンタクシーにて。JUNKOブランドの毛皮のロングベストを着て。インパクトあるベストは、ロンドンでも目立っていた。

今は、力をためるとき

これは、やりたいこと、すべきことができなかったり、
逢いたい人になかなか逢えなかったり、
みんなが自由を奪われたように感じている今だからこその話ね。
今は、「耐える」ときじゃなくて、「ためる」とき。
無理に耐えるんじゃなくて、「ためる」楽しみという
発想の転換もあると思うんです。力をためる、
アイデアをためる……私は、今は「ためどき」だと思ってます。
ためた分の勢いが、この先また状況が変わって
いざというときに大きな力になると信じているから。

キラー通りのブティックの二階には窓がなかった。そこで、コシノジュンコは壁に窓を描いた。個性的な発想が光る。

「自分がわかっていないこと」が
わかるのもいい

人って、難点や欠点がないより、あるほうが努力しますよね。
全部揃って満たされていると、
何かを手に入れようとか克服しようとか、
そういう意欲がわいてこないんですよ。
そして、自分が欠点だと思っていることは、
逆に利点になるものです。武器になるというか。
だから気づいたほうがいい。
自分に欠けていることを知るというのは、
一種の発見ですよね。
ものすごい収穫だと思います。
大きな成長に繋がる。
その大切さを知ることが必要だと思います。

やればできる。
しかし本気でやる

何かを実現したいと思う。そのために、努力する。
みんな本気なんでしょうけれど……。
でも、本気のレベルの追求っていうのかしらね。
本気度の差が、実るかどうかの差になるということですね。

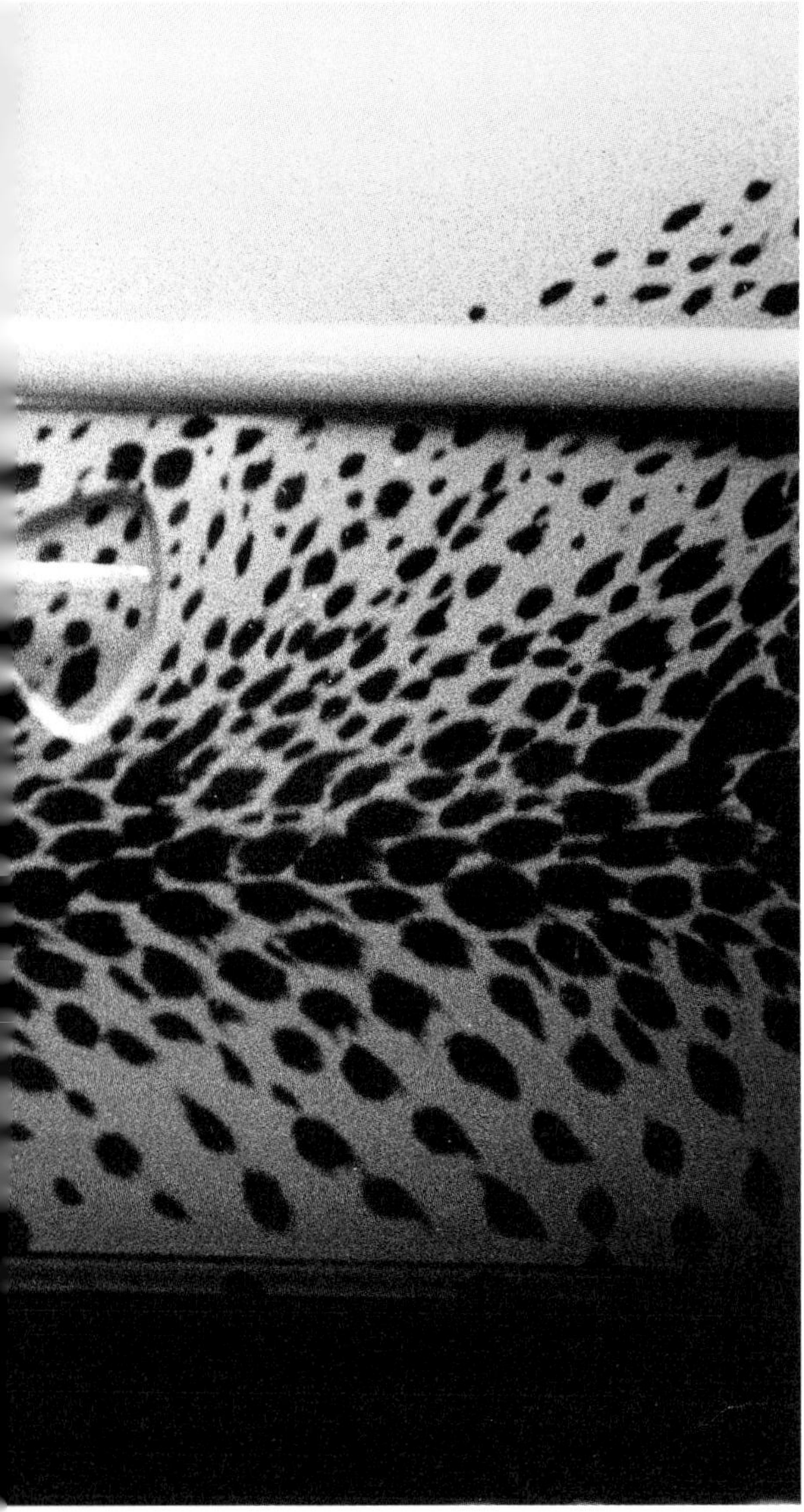

一九七〇年代キラー通りのブティックの前で。車のヒョウ柄はコシノジュンコとスタッフの手描き。その後、ヒョウ柄が大流行となる。

怒りは勢いになる

これはね、感情に背中をポン！と押してもらうことです。
心の中からわき出る何かがある。
「こうなったら本気でやってやる！」、「頭にきたわ！」って、
後ろも振り返らずとにかく「えい！」と前に進む。
悔しさとか、負けず嫌いからくる
こういう感情は、ものすごくバネになります。
感情に勢いがあると、その気にさせてくれます。
さらに、その気になると、なんでもできてしまうもの。
人生ってある意味、思い込みというか……
自分を信じてやる、やる気。
間違ってもいいから、勢いにのってやってみる。
Aのやり方でやってダメなら、Bでやってみる。
人生って経験してみないと前に行かないんですよ。

左右ページ：七〇年代のモードのポートレート。右は、人形作家の菊池ともゆきと。ポーズを決める二人。

右ページで着用していた服のスカート部分を外したスタイル。二通りに楽しめる。

誠意は人を動かす。
感謝は幸せを呼ぶ

心を伴う、ということが大切ですね。
相手の気持ちをわかる。相手のために何かをする。
誠意を尽くすことで、見えないものが伝わる、
それは心だと思います。
心が伝わるということは、安心感や信頼関係に
繋がるでしょう？　表面的なことではなくて、
見えないものにこそ、相手に届く深いものがある。
受け取った誠意は、心に温かく宿って、
誰かのために行動する原動力になると思います。
そして、感謝できるということは、幸せを感じられること。
ささやかな日常に無数の感謝がある、それに気づくって、
すごいことだと思うんです。普通は気づけない。
新型コロナになって、

多くの人が初めて気づいたんじゃないでしょうか。
当たり前の毎日が急に奪われて、
今までどれだけ感謝に値する日々を送ってきたのかと……。
極端な話、「朝は自動的に目が開くでしょう?
目覚めたら、目が開くに決まってるじゃない」って
無意識に思っていましたよね。
でもそういう「当たり前」っていうものが
すべてにおいて通用しなくなりましたね。
だからこそ、この状況でも感謝できることがあるはず。
たくさん感謝して、幸せな気持ちで過ごしたいですね。

一九六八年東京・赤坂にあった伝説のディスコ「ＭＵＧＥＮ」にて。アールヌーボーのブラックライトの壁画が革新的だった。サイケの女王として知られた頃。この写真は今もホテル プラザ アテネ パリのロビーに飾られている。写真＝天野幾雄

昨日の自分に勝つ

去年、昨日、つまり過去の自分を生かす、ということですね。
去年パリコレで開催したショー。これが大成功だったから、
今年も同じことをする、それって発展がないと思うんですね。
例えば一日に三回ショーをすると、二回目のショーで失敗する。
うまくいくのは、最初と最後。なぜなら一回目が成功すると、
真ん中の二回目のショーは、気が緩んでしまって
失敗する率が高くなるんです。
三回目は最後だから、気を引き締めてうまくいく。
最初と最後しかいらないわ、っていうくらい（笑）。
これってすべてに通ずるものだと思います。
昨日うまくいったからって安心しちゃって、
同じことをしてはダメですね。
終わったことはもう忘れたわ、くらいの覚悟でいかないと。

昨日とは違う一日、状況も違う、
よくても悪くても、新しい今日を生きる。
そして昨日の自分、前回の自分より少しでも成長する。
だって、昨日褒められたからって今日も同じ服を着るのって、
なんの進歩もないし、まず自分だってイヤでしょう？

ファッションショーの後、出演したモデルたちと談笑。

運動とは運が動くこと

じーっと漢字を見て、そこからいろいろ考えたり
発見したりするのが好きです。
例えば「運動」は運が動くと書きますよね。
運動して体を動かす、動くというのは、
進むことですよね。そうすると、行動が気持ちに作用して、
すべて前向きな発想になる。
止まらずに前進すれば、何かが変わります。
だから、「運」が「動」く。
人間も動物だから、動かないというのは
死ぬことと同じような気がするんです。
家にこもりがちな状況ですが、運動すると、
気持ちもふっきれて活力も生まれます。
運も、動かないと来ない。

右ページ：キラー通りのブティックにて。右から金子國義、グラフィックデザイナー奥村靫正《ゆきまさ》、ＪＵＮのデザイナー中谷武則、鈴木弘之、人形作家四谷シモン。

左ページ：同じくブティック一階で撮影されたもの。螺旋階段で金子國義とポーズ。

大丈夫。常に「今」が大切

「今」って常に変わるんですよね。当たり前ですけれど、
昔の「今」とは違う。毎日、毎瞬変わっていく。
振り返った二年前の今と、今の今は違う。
だからまさにこの瞬間の「今」が真実。
いいことはもちろん、いろんな問題を内包した
この「今」を受け入れて生きる。
「昔はよかったわぁ〜」なんて言ってると
置いていかれちゃいますから。
そして、今やらないと、明日に繋がらないんですよ。
今は見えるけれど、明日はどうなるかわからないでしょう？
先々のことをやっておくと、いつでも余裕ができます。
忙しい人こそ、今すぐやる。すぐ解決する。
明日になったら、また新しい問題が出てきますから。

今できることを今やらないと、
明日はもっと大変になるかもしれません。
仕事のことだけでなく、
人生を生きていくコツだと思います。
常に、今。今やらなければいつやるの？
「今」がスタートライン。

第三章

「出会い」は宝

Dai-Jyobu　27-32

出会いはクリエイティブ

人との出会いだけじゃないと思うんです。
旅との出会い、食との出会い、物との出会い……
道を歩いていて何か新しいお店を見つけたとか。
じっとしていると出会えないけれど、一歩出ると生まれる。
想像がつかない、思ってもみなかった出来事に繋がったり、
想いが現実になったりする。
それもまたクリエイティブっていうことですよね。
そこからまた想像もつかなかったことが現実になる。
新しい創造、イメージが始まるということです。

銀座・青木画廊で行われた友人の展覧会にて。金子國義やスタイリストの西野英子らと。

出会いで人生は変わる

過去の経験にないものと出会って、
新しい創造が生まれて、前向きになる。
人と出会っても、物と出会っても感動がありますし。
着るものとの出会いだって、人生を変えるかもしれない。
旅先で、どんな人や風景に出会うかわからない。

昔、ファッションショーのために
私と一緒にキューバに行って、
ものすごくキューバにはまったカメラマン中野正貴がいました。
自分で何度も通って写真を撮りまくっていましたね。
彼は、後に「木村伊兵衛写真賞」という大きな賞をとって、
今では大御所カメラマンです。
つい先日、『情熱大陸』というテレビ番組でも取材されていました。
旅との出会いが、人生に大きな影響を与えた素敵な実例ですね。

右ページ上：このパーティでは、歌舞伎で使う蜘蛛の糸をまとって、最後に登場。

同下：原宿のセントラルアパートの地下のスタジオで、初めての仮装パーティ。

左ページ：ブティックニコルとの合同パーティで。盛り上がりを見せる、ショータイム。

異業種の人との出会いは
おもしろい

これは、息子が、幼稚園のときの話なのですが。
クラスメートのご両親たちの仕事が多岐にわたっていて。
鉄工所の技術者にお蕎麦屋さんと、
さまざまな職種の方がいて、すごくフレッシュでした。
それまでの自分の生活にない出会いばかりだったんです。
異なる分野、異なるキャリアですから、
お話ししていても発見があるんですね。
今まで全く接点のなかった、
全然知らない世界を初めて知るわけですから。
新しい情報ですよね。発見も感動もあって、
何が始まるかわからないおもしろさがありました。
母親がデザイナーという園児ほとんどいなかったですね。
「私はこれからパリコレですから参加できません」、

なんて騒いでるのは私くらいでした。
そもそも皆さん専業主婦の方が多かったので、
当時は母親が仕事をしているというのはすごく珍しくて、
ちょっと浮いていましたね。
先生が、「この次のお集まり予定を……」っておっしゃると、
「わー、私このときパリでいないので、逆に私のスケジュールを
先にお出ししますから、すみません参考にお願いします」
なんて言ってしまったことも。やっぱり浮いてましたね（笑）。

一九七〇年代後半。ミュージシャンたちとショーの打ち上げ。今野雄二、加藤和彦らと。

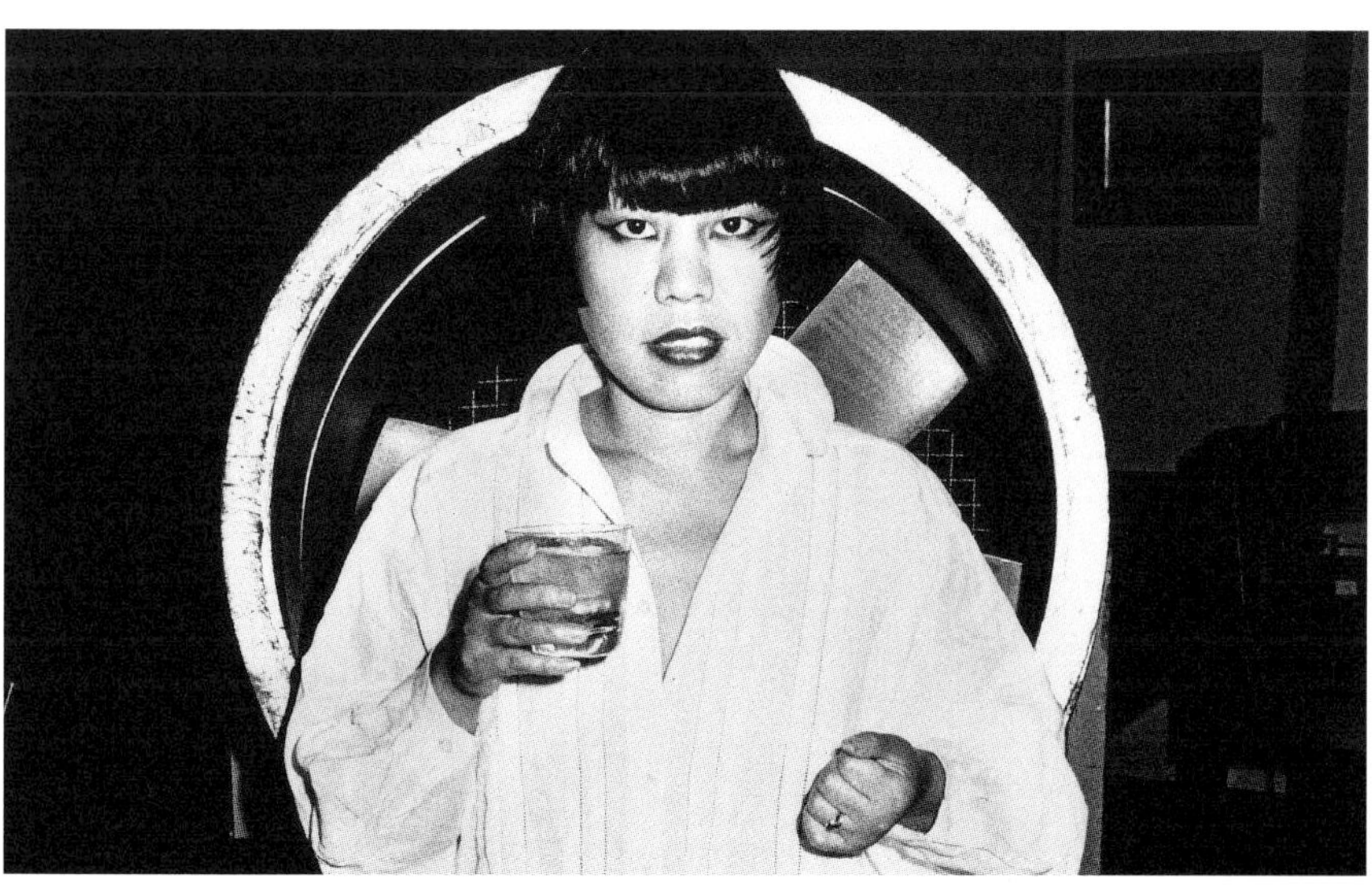

出会いは宝

すべては「ひとり」から始まる。
ずいぶん前、国土交通省の仕事で、
都庁でのシンポジウムに呼ばれたことがありました。
そこで出会ったシンポジウムの中心人物が、
本保芳明さんという、後の初代観光庁長官となる方。
私の人生に欠かせない、始まりの「ひとり」です。
本保さんはOECD（経済協力開発機構）日本政府代表部で、
長いことパリにいらっしゃいました。
在仏中、趣味として夢中になられたのがワイン。
ワイン好きが高じ、仕事とは別にどんどんご縁を広げられて。
すごくグルメでしたし、ご友人は増えるばかり。
そして、この方と知り合ったことで、
私自身いったいどれほど多くの

素晴らしい出会いに恵まれたことか。
でもあのときシンポジウムに出ていなければ、
すべて無かった話ですよね。
その先にいた誰とも出会えなかった。
最初は、シンポジウムなんて堅い仕事で、
何を話そうって悩んで、
ちょっと重荷に感じていたくらいなのに。
シンポジウムの内容もよかったのですけれど、
その後、本保さんを通して出会った方々、
それが素晴らしかった。
すべてはひとつのご縁が始まり。
縁ておもしろいですよね……宝物だと思います。
義理人情で云々というより、人生の値打ちだと思いますね。

一九七〇年代後半、青山ベルコモンズで開催した東京コレクション。ショーのフィナーレに登場した時。

出会いは始まり

ただ出会うということではなく、意味があると思うんです。
出会うには、もともと縁があると。
偶然ではなく必然的に、意味があって出会う。
でもその意味を知らずに出会う、というのがおもしろいですね。
「はじめまして」と出会ってみたら
思いがけず、点と点が繋がって線となり、面となり……、
お互いに発見したり、じゃあ今度一緒に○○しましょう
という感じに発展していくことが多い。
だから、出会いはいつも始まりなんです。

高田賢三さん

賢三と会ったのも宝。
十八歳からの長い長いつきあいで、
この出会いこそ私にとっては、大きな宝物でした。
お互いにライバル意識を持って、お互いに世界に挑戦して……
だから「お互いに」、ですよね。
彼は私に会ってものすごく影響されたし、
私も影響された。やっぱりこの影響しあうっていう
無二の関係性があってこそ、今がある。
彼が過去に出版した著書には、私のことがいっぱい書かれています。
賢ちゃんも、コシノジュンコに会ってなかったら、
って書いているけれど、それは私も同じ。本当に、お互いなのね。
影響したり影響されたり……
切磋琢磨して、だんだん、だんだん、それぞれに

自分の形を築いていって、気がついたら何十年。
本当に、いい友達こそ、宝。
いい友達、自慢の友達を持っているということは、すごい宝です。
そういう素晴らしい親友がいてこそ歩んでこられた道でした。
彼にまつわるすべての思い出や出来事が、
かけがえのないものです。
今は亡き友が残してくれたあらゆることが、大きな宝。
大切にしてゆきたいと思います。

上：ケンゾーがパリから帰ってくるといつも集まった。右から天野幾雄、山口小夜子、コシノジュンコ、西村ヨシコ、高田賢三、鈴木弘之。

下：高田賢三とダンス。

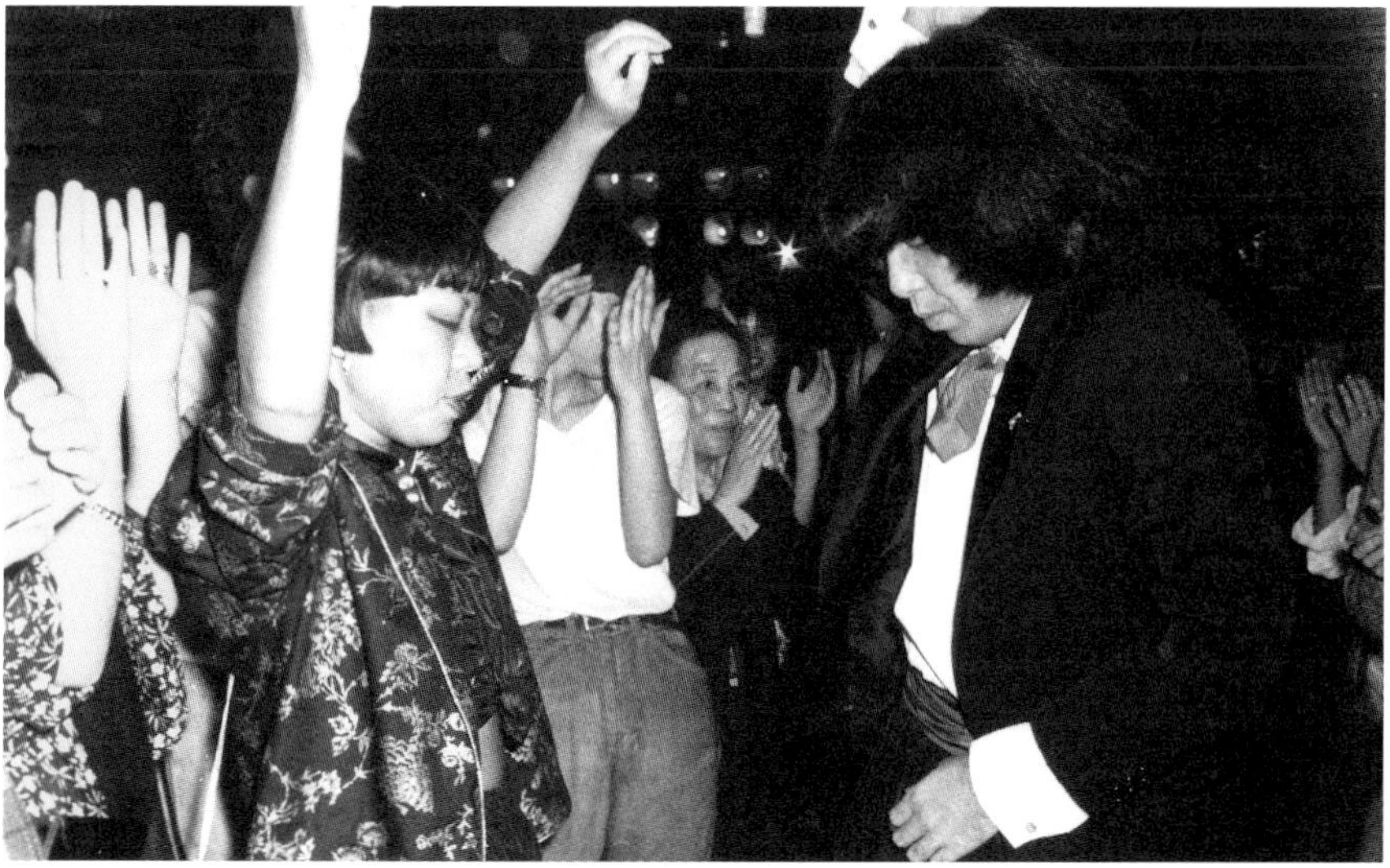

高田賢三が帰国した際、安井かずみ、ニコルの松田光弘とみんなでパーティ。某クラブにて。写真＝中尾たかし

第四章

「好奇心」こそ元気の秘訣

Dai-Jyobu 33-40

おもしろがる才能

何でもおもしろがること。
何事も、負担に思うより、おもしろがれることが大切。
そうすると、そのうち楽しくなってきます。
一度、日本経済新聞の連載の執筆を依頼されて、
頭を抱えました。何をどう書いたらいいか悩みましたね。
うまく書けないと思って悩んでいたんですけれど、ふいに、
あれもこれもと話を欲張りすぎているからだ、ということに気づいて。
そうしたら、途中から書くのがおもしろくなったんです。
不得手かと思っていたら、得意だったという。
何事も、やってみなければ発見できないことですし、
やるならば楽しまないともったいないですよね。

人生は楽しまなきゃ損

人生って短いですから、楽しんだほうがいい。
楽しまないと損です。
誰かと会うとか、どこかへ食事に行くとか、
考えるだけでワクワクしますよね。
全身で、五感で楽しむことが、心の栄養になる。
同じ食事をするにしても、食べるだけでなく、会話、笑顔、
過ごす時間に、ふくらみや広がりのあるほうが、豊かですよね。
〝楽しもう〟という気持ちが、人生を有意義にすると思います。

遊びの余裕

余裕っていうのは、余白があるということ。
予定でもなんでも、埋め尽くしたら窮屈でしょう？
埋めることが目的になって、本当は何をしたかったのかなって
そう感じてしまうこともありますよね。

私、毎週日曜日に放送されるＴＢＳのラジオ番組
『コシノジュンコＭＡ《マ》ＳＡ《サ》ＣＡ《カ》』を六年間続けているんですね。
毎回、私の関係の中から、あらゆる業界、
ジャンルのゲストを迎えます。
何のお話を伺おうかなって、前もって調べてから臨むんですが、
結局当日は、台本に頼らず、自由な発想で話すんです。
今向き合っている人に、この瞬間の気持ちで話をしたくて。
昨日まで考えていたことは、計算ですから。
何が起こるかわからない、思いがけない話題や流れを

受け入れたい。今の気持ちがいちばん真実だから。
あまりガチガチだと、台本にとらわれる場合もあるんですね。
答えは現実が教えてくれる、っていうのか……。
それは考えなしということではなくて、
何事も、わかったうえ、準備したうえで崩すということ。
何にでもそういう遊びのような精神、余裕が大切だと思います。
なんとなくベースがあるくらいで、あとは自由がいいですね。
計画にしばられると動けなくなってしまうので。
例えば、台風がきて予定がキャンセルになったら、「困ったなぁ」
じゃなくて、おかげで計算に入れていなかった大事なことができた、
結果的に有意義に過ごせてよかったっていう。
そういう、車のハンドルの遊びのような、
突発的なことも受け入れられる余裕があるといいですよね。

広尾の渡邊美佐（渡辺プロダクション名誉会長。）宅にて、QUEENのフレディ・マーキュリーの歓迎パーティ。右から加藤和彦、コシノジュンコ、渡邊美佐、フレディ・マーキュリーと。

思うことはすべての始まり

思って終わり、ではなくて、口に出す。
相手は誰でもいいんです、口に出して言うことが大切。
私の母なんて、NHKの受信料集金人の子に
「私もテレビに出られへんかな」って言ってました(笑)。
そうしたら、本当に朝の連続テレビ小説『カーネーション』の
モデルになってしまいましたから、驚きです。
好奇心があると、幾つになっても
見たい、やってみたい、行ってみたい、会ってみたい、
そんな思いにかられます。
その思いが行動になって、出会いやら経験やら
人生のいろんなことに波及していくんです。
好奇心の赴くままに行動していると、
年齢とか全部考えないで動けてしまうんですよね。

好奇心は、原動力になります。
興味のわいたことを実現したいと思うのは大切なこと。
そこから何か始まると思うとワクワクします。
まず、興味を感じることを素直に思う。
できるできない、叶う叶わないではなく、
思うことから始めてみてください。

自宅にて。中国製のアンティーク屛風の前で。プリミティブオリエンタルコレクションのジャケットを着て。

大丈夫。
やったことがないからやる

やったことがないことが見つかるっていうのは、
すごい宝の発見です。
だってそれは、オリジナルということだから。
だから、やってみるべきだと思います。
何が生まれるかわからない、未知の可能性があるから。
もう、たいてい経験したことばかりなんです。
やったことのないことって思いつかないんです、最近は。
何か見つかったら、ラッキーって思えて楽しい。
以前、ニューヨークのメトロポリタン美術館で、
受付の女性に、
「ここでショーを開催したい」と言ったんです。
そうしたら、ちょっと待ってください、って言われた
そのあとすぐに、ＯＫの返事をいただきました。

「やったことがないから、やります」と。

日本でも似たようなことがありましたが、そのときの返事は「やったことがないからだめ」というものでした。

でもそれだといつまでたってもできないですよね。

前例がないからトライする、一歩前に出る、発展がある。

そこに、大きな意味があると思うんです。

それにしても、やったことがないことを探すのって大変（笑）。

七八―七九年秋冬コレクション「プリミティブアメリカ」。帝国ホテルにて。フィナーレに登場した山口小夜子。

遊び心の中から仕事が始まる

楽しいことをする、遊びの精神。
人に楽しんでもらう、喜んでもらいたいときって、
遊び心から生まれたアイデアが、いちばんですね。
衣食住すべて同じだと思います。
なんでも常識にのっとって進めることは無難ですが、
それだけではつまらない。
私は、遊びの精神から仕事が生まれると思っています。
遊びってムダのようだけど、ムダじゃないんです。
楽しいから行く。そこで出会う、発見する、繋がる、思いつく。
そもそも遊びには、いろんな要素や可能性があると思うんです。
そして私が提案したいのは、すごく高度な遊び。
真面目一辺倒ではない、余裕と発展性のある遊び。
1＋1＝2で正解、はい終わり。ではなくて、

「さっぱりわかんないわ」って、そういう感覚も大事だと思う。
全部計算できて先がわかってしまったら、
おもしろくないじゃないですか。
だから遊び心から仕事が始まる。遊びって余裕ですから。
ファッションも、遊びの精神があるからいいんですね。
ただ着られれば、着ていればいいというものではないんです。
デザインに宿る遊びの精神が、オリジナリティとなり
着る人の外見だけでなく内面にも作用して輝かせるんです。

西麻布の自宅にて。ニューヨーク在住の友人、ヘアスタイリスト・須賀勇介が帰国した際。中央は黒柳徹子。

好奇心は若さの秘訣

何でもやってみたいという好奇心、
やってみようという意気込みが、若さだと思うんです。
冒険心、探究心、そういう興味ですよね。
何にでも興味を持てるというのが、若さですよね。
すごく前向きじゃないと、そうはなりません。
お洒落したり、旅行したり、習い事を始めたり……、
常に新しいことにチャレンジする。
なんとなく見て終わり、ということではなく、
おもしろそう、気になる、と思ったら行動する。
だから好奇心を持つ、持てるというのは、若さの秘訣。
幾つになってもその心があれば、若い人。

右ページ：円形のガラス窓。楽し気におどける新郎新婦。

一九七五年。運命の人、鈴木弘之と結婚。左ページ：青山のレストランで披露宴後、盛り上がり過ぎて一同店の外へ。地下鉄の階段を下り、幸せの行進が続いた。金子國義、母・小篠綾子、高橋睦郎らと。

自分の個性は憧れから探す

若いときは、私も自分のことがわかりませんでした。
いつの時代も若い人たちは、「自分らしさ」を求めつつ
なかなか確立できずにいるような気がします。
自分らしさを追求するには
まず自分が何に憧れているのかを知ってほしいですね。
惹かれるもの、美しい、好ましいと感じるもの、
何度見ても飽きないもの、心躍る映画や人。
そこには自分と直結する何かが必ず潜んでいるものです。
美術やファッション、建築などでもいいのですが、
ずっと追い求めていくと自分の嗜好に気づきます。
憧れを持って生きていると、アンテナが鋭敏になり、
出会った人やものにハッとする瞬間があります。
あなたの個性が共感する場所ですね。

「ああ、業界で名の知れた方ね」ではなくて、
「自分が会いたかった人だ」と直感できるようになる。
こういうピンとくる、ハッとするという体験が、
ぼんやりとしかわからなかった「自分らしさ」に、
スイッチを入れ、知らなかった自分の目を覚まさせてくれます。
どのような仕事でも「個性」が大切だと私が思うのは、
コンプレックスもひっくるめて、人が持っている
すべての力を出しきるための根源が、そこにあるからです。

第五章

すべてが、センス

Dai-Jyobu 41-43

センスという意味

センスというのは、実はすべてに通ずるものなんです。
ファッションやインテリアに限らないんですね。
作るセンス、売るセンス、買うセンス、世の中を見るセンス、
時代を読むセンス、タイミングを読むセンス……。
あらゆる場面で必要なものなんです。
実行すること、そのための状況判断ができること、
それも非常に重要なセンスです。
知識と経験により育まれるセンスが状況判断に繋がります。
どんなことがあっても瞬間的に状況を把握し、
反応し、そのときすべきことを的確に判断・実行する、
そのセンスがないと、突然起こる出来事に対応できず、
うろたえてしまうんですね。
例えば予測不可能な地震が起きても、

冷静にいつもの自分の態勢を整えることができる、
それが、センスを生かすということです。
前の章でも述べましたが、未来というのはわからないもので、
一瞬のちに何が起きるか誰も知ることができない。
けれども、それを受け止められるのが、センスなんですね。
常日頃からあらゆるセンスを磨くということは、
自分や大切な人たちを守り生き抜いてゆくために欠かせない
非常に重要なことだと思います。
センスこそ、人生を豊かにすることができる大きな要素です。

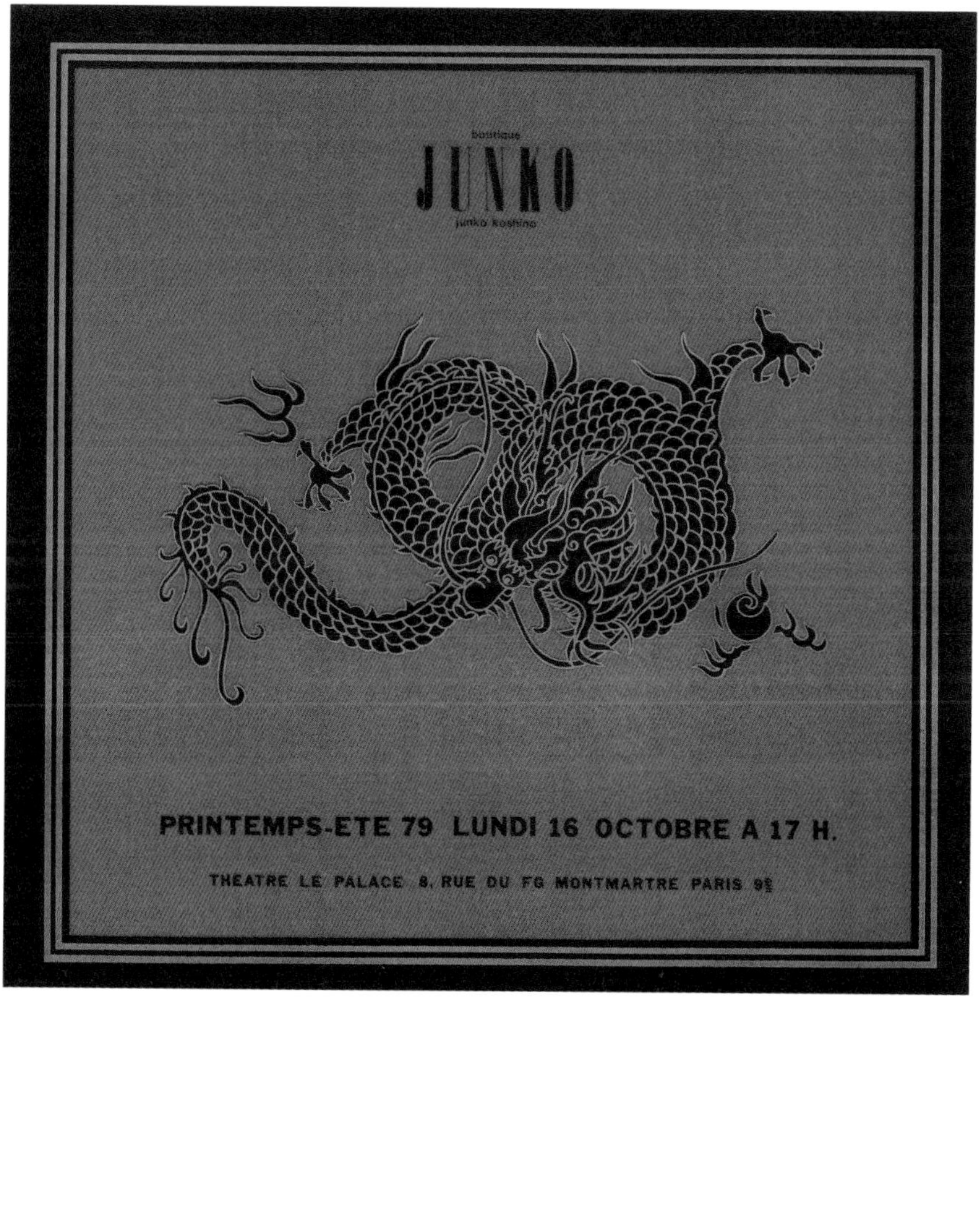

一九七八年。テアトル・ル・パラスで、初めて行なったパリコレクションのインビテーションカード。テーマは「プリミティブオリエンタル」。

女偏の感性は真実。
理屈の良し悪しより、直感

女偏に子と書いて「好き」、女偏に兼とかいて「嫌い」。
私、好きも嫌いも女性の特権だと思うんです。
女の人って、「好き」か「嫌い」かで
決めることが多いですよね。
男性は論理的に考えて結論づけますよね。
なぜいいのかって調べたりして。
でも女の人って「わ！　これ好き」って瞬間的に反応する。
それが「いいのか悪いのか」ではなくて、
「好きか嫌いか」で分けますよね。
男性は理論がないとダメだけれど、女性はそれ以前の段階で
無意識のうちにジャッジしてるから、判断が早くて正直。
これが結構あたっているんですよね。単純だけれど的を射ている。
女性ならではのこの感性って、理屈ではなく信じられるんです。

一九七八年パリコレクション初参加時のショー。テアトル・ル・パラスにて。東洋風な演出で会場を魅了した。右ページ：フィナーレのドレス。

左ページ：ショーの後、クラブで催されたパーティにて。カール・ラガーフェルド、高田賢三ら、そうそうたる顔ぶれが集った。

大丈夫。何事にも動じない

常に、どんと構える。それが大切。
予期せぬトラブルに見舞われ、われを失って慌てると
判断を誤って死に繋がりかねません。
だから、冷静に判断する。
前の章でも触れた、センスですね。
私、東日本大震災のときに、本当に痛感したんです。
日常の中で直面する、あらゆる局面、
プライベートでも仕事でも、同じことですよね。
過酷な状況でも、少し冷静になると大切なことが見えてくるはず。
今、このときに何をなすべきなのか、何が最善なのか。
この状況におけるベストの行動は何なのか。
常日頃から意識して、動じず対応できる心を保ちたいものです。

一九九〇年、10アベニューモンテーニュ パリにブティックをオープン。インテリアデザインは、ジャン・ミシェル・ヴィルモット。

第六章

将来から見ると今がいちばん若い！

Dai-Jyobu 44-46

大丈夫。今がいちばん若い

生きているうえで、いちばん若いのは、「今」なんですね。
昔を振り返ってあの頃は若かったわねぇ、
なんて言っていても時間のムダです。
過去に執着しても意味はないし、時は戻せない。
だから、いちばん若い今がスタートの時だと思いませんか？
明日になったら、また二十四時間分年をとってしまうんです。
なんでもない当たり前のことなんですけれど、
気がつかないものですよね。
将来って、十年後二十年後ということではないんです。
意識せずとも時は常に進んでいて、だから今が大切だと
思うんです。十年後に何をしている、というヴィジョンも
あるかもしれませんが、その十年後から今を見ると、
今日がいちばん若くて、それより一秒でも過去には戻れない。

私たちが生きているのは確実に今日、今なんです。
だから今日を大切に、今の自分を生かすということが
重要だなと思うんですね。
将来から見たら、今がいちばん若い。
私は常にそう思って生きています。

京都島原「輪違屋《わちがいや》」の太夫を、パリに招待。ブティックの向かいにあるホテル プラザ アテネ パリのエントランスでの記念撮影。アベニューモンテーニュで毎年九月に開催されるヴァンダンジュ祭（葡萄収穫祭）に集う人々をどよめかせる、大注目イベントとなった。

元気こそ若さ

やっぱり、元気がないと若さとはいえないんですよね。
若さとは年齢ではない、ということです。
若いということは、エネルギーもあるし、
食事もおいしいし、笑顔があるし、積極的になるし、
人とのおつきあいも楽しめる……。
いろんな面で、若いということは行動的だと思うんです。
そういうことを、もういいわって諦め、捨ててしまうと、
これがなぜか年相応になっちゃうんですね。
年って、私たちの意志にかかわらず
勝手に進んでいってしまうのが、なんか面倒ですよね。
だから、年齢を軸にして人を見たり、
自分のことを意識したりするのは違うんじゃないかと思います。
年齢っていうのはある意味、錯覚だと思うんですよ。

年齢という字は、歯で年を表す

年齢という漢字の「齢」の字には、「歯」が入りますよね。
その意識もあってか、歯を見ると年齢がわかる、
そういうふうに感じることがあります。
年がいった人って結構歯がガタガタだったりしますが、
やっぱり、子どもは入れ歯なんてしてないですものね（笑）。
あと歯を見ると、生活感も見えるんですよね。
歯ってすごくリアルに語るじゃないですか。
歯がきれいな人って、清潔感があってきれいに見えるんですよね。
そして歯が若くて健康ということは、
きちんとおいしく食事を食べられるということですから、
健康に生きるということに繋がると思います。
かみ合わせが体の骨格に影響を及ぼしたり、
歯が原因で大病になったということも聞きますね。

余談になりますけれど、私、
漢字からいろいろ発見することが好きなんです。
漢字をじーっと見て、何か見つけたりすると、
ひとりで喜んでいます（笑）。
漢字ってよくできてるなと、常々思いますね。
冒頭に、齢と歯という字のことを書きましたけれど、
長い歴史の中で、人々が経験から学んできた教えが
漢字に浸透しているということを感じます。
講演の内容を考えるときも、
関係する漢字から理論的に展開したりするんですよ。
でも今は新型コロナでみんながマスクをしているから、
歯が見えないので年齢もわからないですね（笑）。

第七章

デザインの力

Dai-Jyobu 47-56

服は人生を変える

特に男の人ね。

この一着があれば人生やっていかれるというような、まとった瞬間から人生にプラスの影響を与えるような、そんな一着が必要です。

その人の生き方が決まる、自信に繫がる、一張羅というのかしら、いわゆる勝負服です。

女性は服にバリエーションが必要ですが、男性は何着もいらないけれど、勝負服が必要。本気の一着ね。

それがどれだけテコになるか……！

この一着で人生が決まりますよ、って私いつも言うんです。

なんというか、自信がつくんですね。

芸術や研究などに没頭してきた、「ファッションなんて……」って言っていた人ほど、本気の一着に出会うと変わるんです。

勝負服というものがどれほど重要か、わかるようになる。
仕事に真剣な人でないと、ぴんと来ません。
服を作るときに私言うんです、
「あなたこれ名刺より大切よ」って。
自己プロデュースのひとつですよね。
それはただのデザインではなくて、その人のための服。
だから、どちらかというと製作工程は、
そぎ落としていく作業かもしれません。
彫刻のようにその人らしさを彫りだし、個性を引き立たせるの。
男の人は、女性よりも、服で人生やその後の生き方が変わりますね。
だから、私のメンズ服は、
一着で人生を変える大きなきっかけとなるんです。

一九九二年、パリのブティックでデザイン展『対極展』を開催。上：右からベルナール・ヴネ、セザール、ジャン・ミシェル・ヴィルモット、コシノジュンコ、ディアンヌ、ポール・アンドリュー。パリのアート界を牽引する豪華な面々。

下：パリのヴァンダンジュ祭で世界的彫刻家のセザール、高田賢三と。

一九九八年春夏パリコレクション。「エジプシャン」をテーマにしたショーのフィナーレ。エジプトに行きたいという強い衝動からイメージした。

写真=武田マサ

ファッションは自分への投資

ファッションって、自分の未来を買うこと、イメージを買うこと。
いわば、未来への投資。未来は見えないけれど、
未来に繋がるような楽しみを内包しているのがファッション。
それは、生きていくことに役立つもの。
生活のすべてに影響を与えますね。
新しい服を買うと、これを着てどこへ行こう、誰と会おうとか、
楽しい未来のイメージが生まれます。
あるいは先にも述べた男性の勝負服のように、
着る人を輝かしい未来へ導く存在にもなり得る。
ファッションには、幸せな未来を作る力があると思います。

右ページ：一九七八年、初めての中国旅行。訪れた万里の長城にて。

左ページ：一九八五年、北京にて中国最大のショーを北京飯店で開催。フィナーレで、李昭さん（胡耀邦夫人）と。

ファッションは時代の表現

世の中の動き、それがファッション。

地球が動いている限り、時代も流れ、世の中も動いている。

今何が流行っている？ってなったとき、
それって洋服のことだけではないんです。

だから、ファッション＝流行。

流行って、流れ行くものと書きますね。

いつのまにか、ファッションは洋服のことという認識になってますけれど。そうですね……パリだったら、
ファッションは「モード」と称しますね。服の雰囲気のことかな。

あとこれ、言っちゃっていいかしら、いいわ、本当のことだから。

二十二歳のとき、某テレビ局に呼ばれて、
当時作家でのちに都知事となった人と対談したんです。

憧れの方だったから、わくわくしながら向かったら、

その人、私の顔を見るなり開口一番こう言ったんです。

「ファッションなんてくだらねぇよ」。

びっくりでしょう？　私もう驚いてしまって、
憧れどころか一気に冷めちゃったわね。

それでムッときて、こう言い返したんです。

「でも石原さん、太陽族とか慎太郎刈りとか、そういうものが全部はやっていて、それがファッションということなんですよ」って。

そうしたら、なぜか、収録が終わってから、

「そうですよね」ですって。

言葉って残りますよね（笑）。

一九九〇年、メトロポリタン美術館のオーディトリアムホールにて、ニューヨークコレクションを開催。強いインパクトのポスターデザインは浅葉克己、撮影は繰上和美。

デザインはサービス業

知ってましたか？　「デザイン」って、経済産業省の管轄なんですよ。文化的な分類に入っていないんです。

それって、デザインはアートではなく産業である、
ということなんですね。都市計画も会社の経営計画もデザインのひとつ。お金や物資の流れを生むもの。

だから、サービス精神がないとうまくいかないんです。

人のことを思う、喜んでもらう、楽しんでもらう、合理的に快適に過ごしてもらえるように、一生懸命尽くす。

それが本物で、笑顔とともに受け入れられたとき、経済効果が生まれる……。

だから、デザインはサービス業だと思うんです。

A799

右ページ上：一九九六年、キューバでの初めてのショー。ハバナ市街の会場サロンドロサードには、六〇〇〇人もの市民が集まった。フィナーレで、双子のダンサーに担ぎ上げられ、喝采を浴びる。

同下：二〇〇九年にはキューバでの三度目のショーも成功させた。滞在中、「ホテルナショナル」にあるフィデル・カストロとチェ・ゲバラのアートを背景に。

左ページ：オーディションで選ばれた現地のモデルたち。在キューバ日本国大使公邸の庭にて。十四歳の現地モデルたち。カラー写真＝中野正貴

大丈夫。一歩引いてみよう、
全体が見える

これは、デザインに関する私の理念ですね。
いいか悪いか判断するときの。
私自身はこのデザインが大好きなんだけれど、私抜きにして、
世間の人から見たら、どうなんだろう？
今の時代に合っているかなあ……って。
点（個人）で見るのと、線（世間）で見るのと、
どうなんだろうって。
そう一歩引いて考えることも、大切にしています。
でも、第一印象でピンとくるものって、やっぱり大切ですね。
まあ、すべてではないですけれど、だいたい合っていますね。

文化服装学院「花の九期生」。右から加藤正和、コシノジュンコ、高田賢三、黒田明子、松田光弘、金子 功。

着心地は居心地

デザインが気に入って、見た目がよくても、
やはり服は着て感じることが大切。
着心地って見えないものですから。
着てみて心地がいいものは、
パターンがいいというだけではなく、
着たあなたにとって気持ちがよくて、
居心地がいいということ。
これがとっても大切なんですね。

着替えることは、
気持ちの切り替え

洋服を着替えることで、
気持ちも切り替えることができるんです。
私は、一回の講演会で三回着替えたことがあるんですよ。
六時間の講演に挑戦してみませんか？というお話があって、
「えい、やるわ」って受けたんですね。
最初はどうしようかと思ったんですけれど、
「そうだ！」と思い立って、テーマを三つに分けました。
それに合わせて、三回服を着替えたんです。
着替えるということは、頭の切り替えでもありますから、
服だけでなく気持ちを切り替えることもできる。
見ている人の風景も変わる。それで、二時間ずつに分けて三回。
一着目は、私自身についての話、ヒストリーだったから
普段どおりの服、二着目はスポーツ関連の話だったから

スポーツウェア、三着目は仕事の話だっただから、
ファッションショーのフィナーレの服を着ました。
三着が全く異なるイメージなので、自分でも
さっきまで何をテーマに話していたかを忘れちゃうんですね。
気持ちがぱーんって切り替えられるんです、着るものによって。
しかも最後の三十分は質問コーナーにとっておいてくださいって
言われていたのに、全部しゃべりきってしまいました(笑)。
着替えるたびにテーマに合った気持ちになって、
結果的に充実した講演ができました。
服を替えることで雰囲気と環境が変わるので、
お客さまの見方も気持ちも、ぱっと切り替えられましたね。
私は普段から一日数回は着替えるんです。
朝・昼・晩で性格の異なる服を。朝はジムに行くから気楽に、

昼はお仕事、夜はディナーや会食。
それも、ただ着替えるだけではなくて、シャワーからです。
まっさらな気持ちで、気持ちも服も着替えます。
服というのはものすごく人の気持ちや
行動を左右します。きものと洋服、ジャケットとTシャツ。
着るものでパンと気持ちも切り替えられるんです。
理想は一日の中でシーンや気分の切り替えに合わせて
何回か着替えることですが、それが無理なら、
羽織るものやストールをプラスすることで、
コーディネートにずいぶん変化をつけられるので、
それだけで気持ちにメリハリが出て、充実した一日になりますよ。

対極の美

「対極の美のバランス」の考え方、見方。
それは、ひとつではないということ。
両方あってバランスをとるということ。
これは、コントラストの理念ですね。
この理念をもって、ものを作っているんです。
光と影があるから、美しいシルエットが見える、生まれる、
そういう、身近なところに溢れている現象。
右目左目で視力が異なっても両方で焦点があって
しっかり見える、右脳左脳、男と女、
見えるものと見えないもの。すべてふたつだということ。
東洋西洋、天と地もそうですね。
全部ふたつあって、そのバランスがとれているか。
対極の見方っていうのかしら。

そういうふうに相反する要素から成り立つものを、
まず近づいて見る、
それから全体を見られるように引いてみる。
私は個人的にこれがいいわと思っても、
自分を抜きにして考える。
そんなふうに心がけています。

「与うるは、受くるより幸いなり」。お母ちゃんの好きな言葉。お母ちゃん（小篠綾子）と一緒に。写真＝秋元孝夫

美しいものは
人をポジティブにする

精神的豊かさは、目からも入ってくると思います。
美しいもの、美しい景色を見ると、ポジティブになれるんです。
見るだけで、豊かな気持ちが生まれ、人間を高める。
人生を有意義にする。

マイナーなものにひきずられるより、
気持ちのよいものを見ることのほうが重要だと思います。
そのためには、美しいものに敏感になる必要がありますね。

私は、暗い事件とかマイナーな情報には
わざと鈍感になるようにしています。
美しいものに興味があったほうが幸せだし、
優雅に生きていかれるし、成功すると思うから。

右ページ：コシノジュンコと息子の鈴木順之。幼少期から海外の仕事にも同行させた。

左ページ：プラシド・ドミンゴとコシノジュンコ、鈴木弘之。アサヒビール元社長 樋口廣太郎との集いにて。

流行にとらわれない

大切なことですね。
はやっているからといって似合わないものを
身に着けるのはどうかなと思います。
やっぱりみなそれぞれ違いますし、その違いがいいと思うんです。
昔は別ですよ、洋服のバリエーションもないし、知らないので、
ミニスカートっていったらみんなミニスカートでないと
だめと、思っちゃうんですよ。
でも、もう今の時代は、いろんな流行をこなしてきた後なわけです。
自分らしさを生きる時代なんですよ。
流行にとらわれると自分がなくなってしまいます。
自分らしさとは何かって、
これは服装で作られていくものだと思うんです。
新しい服だけではなくて、自分の持っている、

過去から蓄積された何かしら好きなもの。
特に女性は、一度好きになったものって、結構永遠に好きですから。
例えば赤が好きだわっていったら、
いくつになっても赤が好きなんですよ。
好きなものには、その人の個性や特徴が出るので、すごくいい。
何も好きなものがないという人は、あまりいないですよね。
過去のものと新しいものをうまくコーディネートすることで
自分らしさができていきます。その違いがいいと思うんです。
昔のものっていうのは、今ではほとんど誰も持っていない。
自分しか持っていないの。だから古いものと新しいものを
うまく組み合わせることで、独特の個性、スタイルができる。
全身最新の服だったら、みんなと一緒になっちゃうのよね。
自分らしさを生き生きと装って、お洒落を楽しんでほしいです。

一九八一年、岸和田市のだんじり祭り。右から二番目コシノジュンコ、ミチコ、ヒロコ。だんじりは、コシノジュンコの原点。

TORCIDA FURACAO AZUL E

二〇一五年二月。日本とブラジル外交樹立一二〇周年。サンパウロカーニバルに、青森県五所川原市の立佞武多《たちねぷた》を登場させた。高さ二〇メートルの勇敢な姿を披露。現地の人人から熱狂的な喝采を浴びた。コシノジュンコの向かって右側に立っているのは、当時のサンパウロ総領事福嶌教輝《ふくしまのりてる》。写真提供=©サンパウロたちねぷたプロジェクト

おわりに

本を出しませんかという話をいただいたのは、二〇一九年の年末でした。まだ、コロナのコの字も聞こえてはいませんでした。あれから約一年。二〇二〇年に入り、世界も、日本も、急激にコロナウイルスの猛威にさらされることとなりました。これを書いている今もまだ、新型コロナは世界中で多くの人を苦しめています。

「後ろのものを忘れ、前のものに向かいて励み……」という言葉があります。新約聖書に出てくるのですが、この言葉、以前から好きで気になっていました。今、こういう時代になって、その理由がわかったような気がします。

本書の中でも書きましたが、昔はよかったねって後ろを振り返るのは、違うと思います。

誰も経験したことのない、新型コロナ禍。世界中の人々が先の見えない不安を抱いて、生活を制限されることもある……そんな中で、もうもとには戻らない過去の日々を恋しく振り返るのではなく、前向きに、大小にかかわらず自分なりの目標に向かって進み、「今、できることをする」。そこからまた、新しい未来を築いていく。

今は、そういう時なんだと思います。まさに、心に響いていた新約聖書の言葉の意味するところだと思います。

日本は、戦争や天災を含めあらゆる困難を乗り越え、どん底から這い上がり、心豊かに平和にあり続けてきた国。必ず立ち上がる。

だから、大丈夫。ハレルヤ

二〇二〇年師走

コシノジュンコ

コシノジュンコ　デザイナー

ファッションデザイナーの登竜門「装苑賞」を最年少で受賞。1978年から22年間パリコレクションに参加。以降、NY（メトロポリタン美術館）、北京、キューバ、ロシア、スペインなどでショーを開催し、ファッションを通じた国際的な文化交流に力を入れる。オペラ『魔笛』や『蝶々夫人』、ブロードウェイミュージカル『太平洋序曲』（トニー賞ノミネート）、DRUM TAOの舞台衣装をはじめ、花火のデザインや国内被災地への復興支援活動も行っている。VISIT JAPAN大使、2025年日本国際博覧会協会シニアアドバイザー、文化庁「日本博」企画委員。イタリア文化功労勲章・カヴァリエーレ章、モンブラン国際文化賞、キューバ共和国友好勲章、文化功労者顕彰。2019年8月、日本経済新聞『私の履歴書』掲載。毎週日曜17時～TBSラジオ『コシノジュンコMASACA』放送中。

クリエイティブディレクション＝コシノジュンコ
アートディレクション＆装幀＝木下勝弘
エディトリアルデザイン＝木内三千男
プリンティングディレクション＝吉田峰雄
編集協力＝竹田季代（JUNKO KOSHINO）
編集＝和泉亜紀（世界文化社）
＊
写真＝斉藤 亢

コシノジュンコ 56の大丈夫

二〇二一年二月二十五日　初版第一刷発行

著者……コシノジュンコ
発行者……秋山和輝
発行……株式会社世界文化社
〒一〇二－八一八七
東京都千代田区九段北四－二－二九
電話　〇三（三二六二）五一二四（編集部）
電話　〇三（三二六二）五一一五（販売部）

印刷・製本……中央精版印刷株式会社

©JUNKO KOSHINO, 2021.
Printed in Japan
ISBN978-4-418-21500-3
無断転載・複写を禁じます。
定価はカバーに表示してあります。
落丁・乱丁がある場合はお取り替えいたします。
＊
※本書に掲載した写真の中で、撮影者が特定できないものがございました。お心当たりの方は、編集部までご一報ください。